송백꽃꽂이연구회

창세기에서 요한계시록까지
특집 / 52주 절기꽃꽂이

송백꽃꽂이연구회

여호와는 나의 목자시니 (시편 23장 1~3절)

허문정

여호와는 나의 목자시니 내가 부족함이 없으리로다.
그가 나를 푸른 초장에 누이시며 쉴만한 물 가으로
인도하시는도다.

송백회 회장 **허 문 정**

"**하**나님이 천지를 창조하시고 인간에게 다스리고 누릴수 있는 축복을 주셨으매"

아름다운 계절을 따라 소리없이 들려오는 자연의 속삭임을 들으며,
인간은 안식을 누리고 영원한 행복과 위로를 얻으며 만남의 기쁨속에
사랑하며 살아가고 있습니다. 이 아름다운 자연과 더불어 호흡하면서
인간에 대한 하나님의 깊은 섭리와 사랑을 느낍니다.
꽃과 함께하는 생활에는 기쁨이 있습니다.
꽃과의 만남속에는 사람으로 해득하지 못할 비밀이 있기 때문입니다.
값진 진주 보화보다도 더 귀한, 형용할 수 없는 희열과 무한한
하나님의 진리가 그안에 숨어 있습니다.
그러나 꽃을 매만지고 다룬다는 것이 늘 즐거운 것만은 아닙니다.
한 주제를 놓고 작품을 시도해 나가면서 때로는 힘들고 좌절될 때도
있습니다. 그러나 생동감에 넘치는 열정으로 하나님의 창조하신
자연의 재현에 온 마음을 쏟을 수 있는 것은, 날마다 새롭게 마음을
열어주는 하나님의 위로와 사랑이 있고, 그 안에서 잠재된 무한한
예술적 가능성을 얻을 수 있기 때문입니다.
저희 송백회 회원들이 두번의 작품전시회를 마치고 그 작품들을
모아서 한권의 책으로 엮었습니다.
제 1회 창세기에서 요한계시록까지 (1992년 12월)
제 2회 52주 절기 꽃꽂이 (1994년 11월)
라는 주제로 성경전체의 역사적흐름과 교회의 올바른 절기에 맞춰
표현하였습니다.
한 계절의 소재로 12개월의 절기를 표현해야 하는 어려움도 있었지만
주님의 은혜로 승화시킬 수 있었음을 감사드립니다.
이제 다가오는 21세기를 바라보며, 좀더 시야를 넓히고 연구하고
서로 도와가면서 새롭게 도전하는 꽃꽂이계를 기대해봅니다.
각자에게 주어진 달란트대로 열심히 노력하고 기량을 다듬어 나갈때
무한한 발전이 있으리라 봅니다.
더욱 격려해주시고 이 책이 나오기까지 수고해주신 모든 분들과
송백회 회원들에게 진심으로 감사드립니다.

1995. 7.

회장 **허 문 정**

창세기에서 요한계시록까지

천지창조 (창세기 1장 1절)

태초에 하나님이 천지를 창조하시니라.

이사일동　■소재 : 수양버들　비락칸샤스　모과나무　오리나무　까치밥　해바라기
　　　　　　　　감나무　편백　소나무　연산홍　향나무　소국

아담과 하와가 지음받다 (창세기 2장 7절)

서정인

여호와 하나님이 흙으로 사람을 지으시고 생기를 그 코에 불어 넣으시니 사람이 생령이 된지라.

■ 소재 : 글라디올러스
　　　　 미스티불
　　　　 장　미
　　　　 황금편백

최초의 범죄 (창세기 3장 8절)

임성목

그들이 날이 서늘할 때에 동산에 거니시는 여호와 하나님의
음성을 듣고 아담과 그 아내가 여호와 하나님의 낯을 피하여
동산나무 사이에 숨은지라.

■ 소재 : 화살나무
안즈리움
휴걸리

가인과 아벨 (창세기 4장 10절)

■ 소재 : 야 자
향나무
스토크
미리오
육가리

김선배

가라사대 네가 무엇을 하였느냐 네 아우의 핏소리가 땅에서부터 내게 호소하느니라.

노아와 홍수 (창세기 7장 23절)

임효빈

지면의 모든 생물을 쓸어버리시니 곧 사람과 짐승과 기는 것과 공중의 새까지라 이들은 땅에서 쓸어버림을 당하였으되 홀로 노아와 그와 함께 방주에 있던 자만 남았더라.

■ 소재 : 아낄레아
  미스티불
  육가리
  뻬트

무지개 언약 (창세기 9장 12~13절)

진주현

하나님이 가라사대 내가 나와 너희와 및 너희와 함께하는 모든 생물 사이에 영세까지 세우는 언약의 증거는 이것이라.
내가 내 무지개를 구름 속에 두었나니 이것이 나의 세상과의 언약의 증거니라.

■ 소재 : 미리오
        리시안샤스
        안즈리움
        아크릴라인

바벨탑 (창세기 11장 4절)

문춘자

또 말하되 자, 성과 대를 쌓아 대 꼭대기를 하늘에 닿게하여 우리 이름을 내고 온 지면에 흩어짐을 면하자 하였더니

■ 소재 : 미리오
후리지아
장 미
마리안느
수 수

믿음의 조상 아브라함 (창세기 12장 2절)

김춘자

내가 너로 큰 민족을 이루고 네게 복을 주어 네 이름을 창대케 하리니 너는 복의 근원이 될지라.

■ 소재 : 어저귀
유 채
라그라스
안 개
육가리, 유도화

사라의 웃음 (창세기 18장 13절)

김영선

여호와께서 아브라함에게 이르시되 사라가 왜 웃으며 이르기를
내가 늙었거늘 어떻게 아들을 낳으리요 하느냐

■ 소재 : 온시지움
　　　　나　리
　　　　장　미
　　　　미리오
　　　　종려잎, 라인

갈대숲의 모세 (출애굽기 2장 3절)

이승임

더 숨길 수 없이 되매 그를 위하여 갈 상자를 가져다가 역청과 나무 진을 칠하고 아이를 거기 담아 하숫가 갈대 사이에 두고

■ 소재 : 심비디움
　　　　백　합
　　　　덴드로비움
　　　　스프링게리

출 애굽 (출애굽기 12장 51절)

■ 소재 : 글라디올러스
　　　　안 개
　　　　미리오

조정애

그 같은 날에 여호와께서 이스라엘 자손을 그 군대대로 애굽 땅에서 인도하여 내셨더라.

홍해가 갈라지다 (출애굽기 14장 21절)

김선주

모세가 바다 위로 손을 내어민대 여호와께서 큰 동풍으로 밤새도록 바닷물을 물러가게 하시니 물이 갈라져 바다가 마른 땅이 된지라.

■ 소재 : 주목나무
트리칼라
나리, 소국
미리오

반석위에 물이 솟아나다 (출애굽기 17장 6절)

김임옥

■ 소재 : 향나무
연산홍
나리, 소국
황금편백

내가 거기서 호렙산 반석 위에 너를 대하여 서리니 너는 반석을 치라 그것에서 물이 나리니 백성이 마시리라 모세가 이스라엘 장로들의 목전에서 그대로 행하니라.

불기둥 (출애굽기 13장 21절)

남정란

여호와께서 그들 앞에 행하사 낮에는 구름 기둥으로 그들의 길을
인도하시고 밤에는 불 기둥으로 그들에게 비취사 주야로
진행하게 하시니

■ 소재 : 소 철
　　　　글라디올러스
　　　　휴걸리

십계명을 받다 (출애굽기 20장 6절)

이숙영

나를 사랑하고 내 계명을 지키는 자에게는 천대까지 은혜를 베푸느리라.

■소재 : 까치밥
　　　연산홍
　　　나 리
　　　두루마리
　　　링

만나와 메추라기 (출애굽기 16장 35절)

김경화

이스라엘 자손이 사람 사는 땅에 이르기까지 사십년 동안 만나를 먹되 곧 가나안 지경에 이르기까지 그들이 만나를 먹었더라

■ 소재 : 미리오
　　　　소　국

아론의 지팡이에 싹이나다 (민수기 17장 8절)

민정기

이튿날 모세가 증거의 장막에 들어가 본즉 레위 집을 위하여 낸 아론의 지팡이에 움이 돋고 순이 나고 꽃이 피어서 살구 열매가 열렸더라.

■소재 : 거베라
장 미
스프링게리
노무라
조 화

맥추절과 초막절 (신명기 16장 10절)

문교순

네 하나님 여호와 앞에 칠칠절을 지키되 네 하나님 여호와께서
네게 복을 주신대로 네 힘을 헤아려 자원하는 예물을 드리고

■ 소재 : 낙산홍
　　　　 연산홍
　　　　 향나무
　　　　 남천
　　　　 국화
　　　　 소국

알곡과 가라지 (마태복음 13장 30절)

배병희

둘 다 추수 때까지 함께 자라게 두어라 추수 때에 내가
추숫군들에게 말하기를 가라지는 먼저 거두어 불사르게 단으로
묶고 곡식은 모아 내 곳간에 넣으라 하리라.

■소재 : 수국백
　　　　수란
　　　　소엽측

여리고성의 함락 (여호수아 6장 20절)

■ 소재 : 향나무
　　　　나　리
　　　　아이리스
　　　　석　죽
　　　　황금편백

윤은미

이에 백성은 외치고 제사장들은 나팔을 불매 백성이 나팔 소리를
듣는 동시에 크게 소리질러 외치니 성벽이 무너져 내린지라
백성이 각기 앞으로 나아가 성에 들어가서 그 성을 취하고

삼손과 드릴라 (사사기 16장 7절)

정정수

삼손이 그에게 이르되 만일 마르지 아니한 푸른 칡 일곱으로 나를 결박하면 내가 약하여져서 다른 사람과 같으리라.

■ 소재 : 덴드로비움
        밧 줄
        통나무

드보라 (사사기 5장 12절)

김원효

깰지어다 깰지어다 드보라여 깰지어다 너는 노래할지어다
일어날지어다 바락이여 아비노암의 아들이여 네 사로잡은 자를
끌고 갈지어다

■ 소재 : 글라디올러스
　　　　장　미
　　　　드라세나

룻의 사랑 (룻기 3장 10절)

■소재 : 버　들
　　　덴드로비움
　　　미리오

정기좌

가로되 내 딸아 여호와께서 네게 복주시기를 원하노라 네가 빈부를 물론하고 연소한 자를 좇지 아니하였으니 너의 베푼 인애가 처음보다 나중이 더하도다.

욥의 고난 (욥기 9장 17~18절)

박흥구

그가 폭풍으로 나를 꺾으시고 까닭 없이 내 상처를 많게 하시며
나로 숨을 쉬지 못하게 하시며 괴로움으로 내게 채우시는구나

■ 소재 : 글라디올러스
　　　　소　국
　　　　스프링게리

솔로몬의 성전건축 (열왕기상 8장 13절)

이지원

내가 참으로 주를 위하여 계실 전을 건축하였사오니 주께서
영원히 거하실 처소로소이다 하고

■ 소재 : 군자란
　　　　눈나무
　　　　조 화

시온에 전할 기쁜 소식 (이사야 60장 1절)

백선향

일어나라 빛을 발하라 이는 네 빛이 이르렀고 여호와의 영광이 네 위에 임하였음이니라.

■소재 : 버들
나리
엽란
황금편백

이새의 뿌리에서 날싹 (이사야 11장 1절)

이상윤

이 새의 줄기에서 한 싹이 나며 그 뿌리에서 한 가지가 나서 결실할 것이요.

■소재 : 고 목
　　　　연산홍
　　　　스타게이지

요나가 회계하고 살아나다 (요나 2장 1~2절)

■ 소재 : 금어초
　　　　 네피로네피스
　　　　 조 화

백미현

요나가 물고기 뱃속에서 그 하나님 여호와께 기도하여
가로되 내가 받는 고난을 인하여 여호와께 불러 아뢰었삽더니
주께서 내게 대답하셨고 내가 스올의 뱃속에서 부르짖었삽더니
주께서 나의 음성을 들으셨나이다.

새날을 언약하시다 (스가랴 8장 12절)

신정숙

곧 평안한 추수를 얻을 것이라 포도나무가 열매를 맺으며 땅이 산물을 내며 하늘은 이슬을 내리리니 내가 이 남은 백성으로 이 모든 것을 누리게 하리라.

■ 소재 : 소나무
극락조
국 화
소 국

마리아의 축복 (누가복음 1장 41~42절)

편정희

엘리사벳이 마리아의 문안함을 들으매 아이가 복중에서
뛰노는지라 엘라사벳이 성령의 충만함을 입어
큰 소리로 불러 가로되 여자중에 네가 복이 있으며 네 태중의
아이도 복이 있도다.

■ 소재 : 글라디올러스
　　　　미스티불
　　　　안　개
　　　　모　자

예수그리스도의 축복 탄생 (누가복음 2장 11절)

엄현숙

오늘날 다윗의 동네에 너희를 위하여 구주가 나셨으니 곧 그리스도 주시니라.

■ 소재 : 눈나무
호랑가시
백 합
포인세티아
상나무

동방박사들이 경배하러오다 (마태복음 2장 10절)

■ 소재 : 눈나무
주목나무
삼지닥
포인세티아

홍경자

저희가 별을 보고 가장 크게 기뻐하고 기뻐하더라.

헤롯이 아기들을 학살하다 (마태복음 2장 16절)

박명자

이에 헤롯이 박사들에게 속은 줄을 알고 심히 노하여 사람을
보내어 베들레헴과 그 모든 지경 안에 있는 사내아이를
박사들에게 자세히 알아본 그 때를 표준하여 두 살부터 그 아래로
다 죽이니.

■ 소재 : 장 미
　　　　미리오

예수가 광야에서 시험을 받으시다 (마가복음 1장 12~13절)

유명순

■ 소재 : 탱자가시
　　　　아이리스
　　　　미리오

성령이 곧 예수를 광야로 몰아내신지라.
광야에서 사십 일을 계셔서 사단에게 시험을 받으시며 들짐승과
함께 계시니 천사들이 수종들더라.

빛은 어두움을 뚫고 (요한복음 1장 4～5절)

최상옥

그 안에 생명이 있었으니 이 생명은 사람들의 빛이라.
빛이 어두움에 비취되 어두움이 깨닫지 못하더라.

■소재 : 드라세나
　　　　안　개
　　　　장　미
　　　　미리오
　　　　엔젤헤어

나에게 와서 쉬어라 (마태복음 11장 28절)

박덕순

수고하고 무거운 짐 진 자들아 다 내게로 오라 내가 너희를 쉬게 하리라.

■ 소재 : 꽃사과
글라디올러스
카아네이션
미리오
몬스테라
볼

하나님을 영접하는 자가 받을 상 (마태복음 10장 40절)

이광자

너희를 영접하는 자는 나를 영접하는 것이요. 나를 영접하는 자는
나 보내신 이를 영접하는 것이니라.

■소재 : 소국
밀
보리란
휴걸리
모과
밤

어린 아이를 축복하시다 (마가복음 10장 15~16절)

황교영

내가 진실로 너희에게 이르노니 누구든지 하나님의 나라를 어린 아이와 같이 받들지 않는 자는 결단코 들어가지 못하리라 하시고 그 어린 아이들을 안고 저희 위에 안수하시고 축복하시니라.

■ 소재 : 글라디올러스
  엔젤카아네이션
  미리오
  카스피아
  풍선

베데스타 못가의 구원 (요한복음 5장 3~4절)

한진숙

그안에 많은 병자, 소경, 절뚝발이, 혈기 마른 자들이 누워 물의 동함을 기다리니 이는 천사가 가끔 못에 내려와 물을 동하게 하는데 동한 후에 먼저 들어가는 자는 어떤 병에 걸렸든지 낫게 됨이라라.

■ 소재 : **수양버들**
아이리스
석 죽
소 국
미리오

가나안의 혼인잔치 (요한복음 2장 6~9절)

정인숙

거기 유대인의 결례를 따라 두 세 통 드는 돌항아리 여섯이 놓였는지라. 예수께서 저희에게 이르시되 항아리에 물을 채우라 하신 즉 아구까지 채우니 이제는 떠서 연회장에게 갖다 주라 하시매 갖다 주었더니 연회장은 물로 된 포도주를 맛보고 어디서 났는지 알지 못하되 물 떠온 하인들은 알더라.

■ 소재 : 미리오
　　　　장　미
　　　　안　개
　　　　스프링게리

구원받은 사마리아의 여인 (요한복음 4장 14절)

임영주

내가 주는 물을 먹는 자는 영원히 목마르지 아니하리니 나의 주는 물은 그 속에서 영생하도록 솟아나는 샘물이 되리라.

■ 소재 : 글라디올러스
　　　　나 리
　　　　덴드로비움
　　　　금목수
　　　　휴걸리

죽은 나사로를 살리심 (요한복음 11장 44절)

김선님

죽은 자가 수족을 베로 동인채로 나오는데 그 얼굴은 수건에 싸였더라 예수께서 가라사대 풀어 놓아 다니게 하라 하시니라.

■ 소재 : 덴드로비움
리시안샤스
장 미
스프링게리

진리가 자유롭게 하리라 (요한복음 8장 32절)

김경옥

진리를 알지니 진리가 너희를 자유케 하리라.

■ 소재 : 심비디움
카토레아
미리오
등라인망

나는 참포도 나무라 (요한복음 15장 5절)

이영옥

나는 포도나무요 너희는 가지니 저가 내 안에, 내가 저 안에
있으면 이 사람은 과실을 많이 맺나니 나를 떠나서는 너희가
아무것도 할 수 없음이라.

■ 소재 : 다래넝쿨(착색)
　　　포도넝쿨
　　　포도(조화)
　　　소 국

너희의 슬픔이 기쁨으로 (요한복음 16장 22절)

이금희

지금은 너희가 근심하나 내가 다시 너희를 보리니 너희 마음이 기쁠 것이요 너희 기쁨을 빼앗을 자가 없느니라.

■ 소재 : 안 개
　　　　카스피아
　　　　조 화
　　　　망 사
　　　　초

최후의 만찬 (마태복음 26장 26~28절)

신화경

저희가 먹을 때에 예수께서 떡을 가지사 축복하시고 떼어
제자들을 주시며 가라사대 받아 먹으라 이것이 내 몸이니라
하시고 또 잔을 가지사 사례하시고 저희에게 주시며 가라사대
너희가 다 이것을 마시라.
이것은 죄 사함을 얻게 하려고 많은 사람을 위하여 흘리는바 나의
피 곧 언약의 피니라.

■ 소재 : 글라디올러스
　　　　장 미
　　　　카스피아
　　　　미리오
　　　　유리 오브제

고 난 (마가복음 15장 34절)

이귀옥

제 구시에 예수께서 크게 소리지르시되 엘리 엘리 라마사박다니 하시니 이를 번역하면 나의 하나님, 나의 하나님, 어찌하여 나를 버리셨나이까 하는 뜻이라.

■ 소재 : 삼지닥(착색)
안즈리움

골고다의 언덕 (마가복음 15장 24~25절)

신미혜

십자가에 못박고 그옷을 나눌새 누가 어느 것을 얻을까하여 제비를 뽑더라
때에 제 삼시가 되어 십자가에 못박으니라

■ 소재 : 탱자가시
　　　　주목나무
　　　　나 리
　　　　용담초
　　　　장미(조화)

부활하시다 (요한복음 11장 25~26절)

박혜경

■ 소재 : 백 합
　　　　안 개
　　　　망 사
　　　　스프링게리

예수께서 가라사대 나는 부활이요. 생명이니 나를 믿는 자는
죽어도 살겠고 무릇 살아서 나를 믿는 자는 영원히 죽지
아니하리니 이것을 네가 믿느냐.

십자가에 달려 운명하시다 (누가복음 23장 46절)

예수께서 큰 소리로 불러 가라사대 아버지여 내 영혼을 아버지
손에 부탁하나이다 하고 이 말씀을 하신 후 운명하시다.

허문정

■ 소재 : 탱자가시
　　　　연산홍
　　　　화살나무
　　　　낙산홍
　　　　철 망
　　　　십자가

예수의 승천 (누가복음 24장 50~53절)

정영옥

■ 소재 : 글라디올러스
　　　　백　합
　　　　엽　난
　　　　미리오

예수께서 저희를 데리고 베다니 앞까지 나가사 손을 들어
저희에게 축복하시더니 축복하실 때에 저희를 떠나 하늘로
올리우시니 저희가 그에게 경배하고 큰 기쁨으로 예루살렘에
돌아가 늘 성전에 있어 하나님을 찬송하니라.

죄의 유혹 (로마서 1장 29~30절)

■ 소재 : 덴드로비움
　　　　소철(착색)
　　　　삼지닥(착색)

박신희

곧 모든 불의, 추악, 탐욕, 악의가 가득한 자요 시기, 살인, 분쟁,
사기, 악독이 가득한 자요 수군수군하는 자요. 비방하는 자요
하나님의 미워하시는 자요 능욕하는 자요 교만한 자요 자랑하는
자요 악을 도모하는 자요 부모를 거역하는 자요.

성령 강림 (사도행전 2장 1~2절)

■ 소재 : 글라디올러스
      나 리
      거베라
      연산홍

한정순

오순절날이 이미 이르매 저희가 다 같이 한곳에 모였더니 홀연히 하늘로부터 급하고 강한 바람 같은 소리가 있어 저희 앉은 온 집에 가득하며

오병이어의 기적 (누가복음 9장 16~17절)

홍재인

■ 소재 : 장 미(조화)
크로톤(조화)

예수께서 떡 다섯 개와 물고기 두 마리를 가지사 하늘을 우러러
축사하시고 떼어 제자들에게 주어 무리 앞에 놓게 하시니 먹고 다
배불렀더라 그 남은 조각 열 두 바구니를 거두니라.

바울의 전도여행 (사도행전 18장 10절)

이행희

내가 너와 함께 있으매 아무 사람도 너를 대적하여 해롭게 할 자가 없을 것이니 이는 이 성중에 내 백성이 많음이라 하시더라.

■소재 : 탱자가시
　　　　다알리아
　　　　소　국
　　　　미리오

구원은 만민에게 (로마서 10장 9~10절)

최인옥

네가 만일 네 입으로 예수를 주로 시인하며 또 하나님께서 그를
죽은 자 가운데서 살리신 것을 네 마음에 믿으면 구원을 얻으리니
사람이 마음으로 믿어 의에 이르고 입으로 시인하여 구원에
이르느니라.

■ 소재 : 글라디올러스
　　　　장　미
　　　　안　개
　　　　종려잎

사단이 패망 (요한계시록 20장 10절)

이영희

또 저희를 미혹하는 마귀가 불과 유황 못에 던지우니 거기는 그 짐승과 거짓 선지자도 있어 세세토록 밤낮 괴로움을 받으리라.

■ 소재 : 스킨답서스
리시안샤스
아이리스
미리오
등라인

하나님안에 거하는 백성 (신명기 28장 2절, 6절)

신화자

네가 네 하나님 여호와의 말씀을 순종하면 이 모든 복이 네게
임하며 네게 미치리니
네가 들어와도 복을 받고 나가도 복을 받을 것이니라.

■ 소재 : 글라디올러스
　　　　백　합
　　　　후리지아
　　　　미리오
　　　　몬스테라
　　　　도라세나

하나님을 떠난 백성 (신명기 28장 18~19절)

사범 일동

■ 소재 : 말 채
　　　　　조 화

네 몸의 소생과 네 토지의 소산과 네 우양의 새끼가 저주를 받을
것이며 네가 들어와도 저주를 받고 나가도 저주를 받으리라.

새하늘과 새땅 (요한계시록 21장 1~2절)

작가 전회원 일동

■ 소재 : 백 합
　　　　 볼
　　　　 실 란

또 내가 새 하늘과 새 땅을 보니 처음 하늘과 처음 땅이 없어졌고
바다도 다시 있지 않더라. 또 내가 보매 거룩한 성 새 예루살렘이
하나님께로부터 하늘에서 내려오니 그 예비한 것이 신부가
남편을 위하여 단장한 것 같더라.

대강절 (로마서 15장 13절)

진현경

소망의 하나님이 모든 기쁨과 평강을 믿음 안에서 너희에게
충만케 하사 성령의 능력으로 소망이 넘치게 하시기를 원하노라.

■ 소재 : 등
바구니
조 화
싸리

성 탄 (누가복음 2장 14절)

윤숙희

지극히 높은 곳에서는 하나님께 영광이요. 땅에서는 기뻐하심을 입은 사람들 중에 평화로다.

■ 소재 : 눈나무
포인세티아
종
초

성 탄 (누가복음 2장 31~32절)

■ 소재 : 포인세티아
　　　　눈나무(조화)
　　　　호랑가시(조화)

지금자

이는 만민 앞에 예비하신 것이요. 이방을 비추는 빛이요. 주의 백성 이스라엘의 영광이니이다.

성 탄 (누가복음 1장 34~35절)

구옥려

마리아가 천사에게 말하되 나는 사내를 알지 못하니 어찌 이 일이
있으리이까 천사가 대답하여 가로되 성령이 네게 임하시고
지극히 높으신 이의 능력이 너를 덮으시리니 이러므로 나실바
거룩한 자는 하나님의 아들이라 일컬으리라.

■ 소재 : 눈나무
　　　　포인세티아
　　　　눈사람
　　　　초
　　　　집

성 탄 (누가복음 2장 11절)

■ 소재 : 바 퀴
 포인세티아
 소나무

인해정

오늘날 다윗의 동네에 너희를 위하여 구주가 나셨으니 곧 그리스도 주시니라.

성 탄 (마태복음 2장 6절)

크리스틴

또 유대땅 베들레헴아 너는 유대 고을 중에 가장 작지 아니하도다. 네게서 한 다스리는 자가 나와서 네 백성 이스라엘의 목자가 되리라 하였음이니이다.

■ 소재 : 눈나무
　　　　포인세티아
　　　　눈솔가지

만 찬 (전도서 9장 9절)

나정자

네 헛된 평생의 모든 날 곧 하나님이 해 아래서 네게 주신 모든 헛된 날에 사랑하는 아내와 함께 즐겁게 살지어다 이는 네가 일평생에 해 아래서 수고하고 얻은 분복이니라.

■ 소재 : 글라디올러스
덴드로비움
장 미
스프링게리

결 혼 (마태복음 19장 5절)

김순희

말씀하시기를 이러므로 사람이 그 부모를 떠나서 아내에게
합하여 그 둘이 한 몸이 될지니라 하신 것을 읽지 못하였느냐

■ 소재 : 글라디올러스
　　　　장　미
　　　　안　개
　　　　미리오
　　　　초

졸 업 (사도행전 7장 22절)

김명하

모세가 애굽 사람의 학술을 다 배워 그 말과 행사가 능하더라.

■ 소재 : 글라디올러스
카 라
거베라
미스티불
베킹바킹

탄 생 (시편 127편 3절)

박서운

자식은 여호와의 주신 기업이요. 태의 열매는 그의 상급이로다.

■ 소재 : 덴드로비움
스타케이지
스프링게리
볼
수수깡

국가기념 (이사야 66장 10절)

강순덕

예루살렘을 사랑하는 자여 다 그와 함께 기뻐하라 다 그와 함께 즐거워하라 그를 위하여 슬퍼하는 자여 다 그의 기쁨을 인하여 그와 함께 기뻐하라.

■ 소재 : 글라디올러스
　　　　소나무
　　　　무궁화(조화)

임 직 (고린도후서 3장 6절)

송옥림

■소재 : 스토크

저가 또 우리로 새 언약의 일군 되기에 만족케 하셨으니 의문으로 하지 아니하고 오직 영으로 함이니 의문은 죽이는 것이요. 영은 살리는 것임이니라.

52주 절기 꽃꽂이

11월 넷째주
대림절 첫번째 주일 (이사야 64장 1~2절)

편정희

■ 소재 : 스토크
　　　　초

원컨대 주는 하늘을 가르고 강림하시고 주의 앞에서 산들로
진동하기를 불이 섶을 사르며 불이 물을 끓임 같게 하사 주의
대적으로 주의 이름을 알게 하시며 열방으로 주의 앞에서 떨게
하옵소서

12월 첫째주
대림절 두번째 주일 (이사야 40장 3절)

한정순

■소재 : 스토크
　　　초

외치는 자의 소리여 가로되 너희는 광야에서 여호와의 길을 예비하라 사막에서 우리 하나님의 대로를 평탄케 하라.

12월 둘째주
대림절 세번째 주일 (데살로니가전서 5장 16~18절)

박정숙

항상 기뻐하라.
쉬지 말고 기도하라.
범사에 감사하라 이는 그리스도 예수 안에서 너희를 향하신
하나님의 뜻이니라.

■소재 : 천일홍
안개
망사
초

12월 셋째주
대림절 네번째 주일 (로마서 16장 26절)

박성임

이제는 나타내신 바 되었으며 영원하신 하나님의 명을 좇아
선지자들의 글로 말미암아 모든 민족으로 믿어 순종케 하시려고
알게 하신바 그 비밀의 계시를 좇아 된 것이니.

■ 소재 : 네피로네피스
안 개
초

12월 넷째주
성 탄 절 (마태복음 1장 23절)

양혜선

보라 처녀가 잉태하여 아들을 낳을 것이요. 그 이름은
임마누엘이라 하리라 하셨으니 이를 번역한즉 하나님이 우리와
함께 계시다 함이라.

■ 소재 : 포인세티아
　　　　눈나무
　　　　집
　　　　엔젤헤어

성탄절후 첫번째 주일 (이사야 60장 1절)

문교순

일어나라 빛을 발하라 이는 네 빛이 이르렀고 여호와의 영광이 네위에 임하였음이라.

■ 소재 : 눈나무
볼
황금편백
실 란

1월 첫째주
성탄절후 두번째 주일, 신년주일 (시편 102장 25~27절)

장동례, 신우순, 최진녀, 장길례, 정해을, 박기미자

주께서 옛적에 땅의 기초를 두셨사오며 하늘도 주의 손으로 지으신 바니이다.
천지는 없어지려니와 주는 영존하시겠고 그것들은 다 옷같이 낡으리니 의복같이 바꾸시면 바뀌려니와 주는 여상하시고 주의 년대는 무궁하리이다.

■ 소재 : 고 목
　　　　 소나무
　　　　 연산홍
　　　　 국 화
　　　　 나 리
　　　　 소 국
　　　　 이 끼

1월 둘째주
주님의 수세일 (누가복음 3장 22절)

이해옥

성령이 형체로 비둘기 같이 그의 위에 강림하시더니 하늘로서 소리가 나기를 너는 내 사랑하는 아들이라 내가 너를 기뻐하노라 하시니라.

■ 소재 : 미리오
장 미
백 합
수수깡
안 개
스킨답서스

1월 셋째주
주현절후 두번째 주일 (이사야 62장 2~3절)

■소재 : 심비디움
　　　소나무
　　　카사브랑카

문춘자

열방이 네 공의를 열왕이 다 네 영광을 볼 것이요. 너는 여호와의 입으로 정하실 새이름으로 일컬음이 될 것이며 너는 또 여호와의 손의 아름다움 면류관 네 하나님의 손의 왕관이 될 것이라.

1월 넷째주
주현절후 세번째 주일 (고린도전서 12장 12절)

임효빈

몸은 하나인데 많은 지체가 있고 몸의 지체가 많으나 한 몸임과 같이 그리스도도 그러하니라.

■ 소재 : 백 합
안 개
스프링게리
박(착색)

1월 다섯째주
주현절후 네번째 주일 (고린도전서 13장 13절)

안금옥

그런즉 믿음, 소망, 사랑 이 세가지는 항상 있을 것인데 그중에 제일은 사랑이라.

■ 소재 : 스토크
심비디움
백합
잎새란
황금편백

2월 첫째주
주현절후 다섯번째 주일 (시편 138장 1절)

진현경

신들 앞에서 주께 찬양하리이다.

■ 소재 : 철강링
　　　거베라
　　　미리오
　　　철　망

2월 둘째주
주현절후 여섯번째 주일 (에레미야 17장 7절)

이숙영

그러나 무릇 여호와를 의지하며 여호와를 의뢰하는 그 사람은
복을 받을 것이라.

■소재 : 말 채
극락조
탑송사철

2월 셋째주
주현절후 일곱번째 주일 (누가복음 6장 30~31절)

■ 소재 : 글라디올러스
카아네이션
드라세라
라인

정인숙

무릇 네게 구하는 자에게 주며 네 것을 가져가는 자에게 다시 달라지 말며 남에게 대접을 받고자 하는 대로 너희도 남을 대접하라.

2월 넷째주
주님의 산상 변모일 (누가복음 9장 29절)

■ 소재 : 장 미
　　　　　안 개
　　　　　엔젤헤어

진주현

기도하실 때에 용모가 변화되고 그 옷이 희어져 광채가 나더라.

3월 첫째주
사순절 첫번째 주일, 3.1절 (시편 146장 1~2절)

임주희

할렐루야 내 영혼아 여호와를 찬양하라. 나의 생전에 여호와를 찬양하며 나의 평생에 내 하나님을 찬송하리로다.

■ 소재 : 무궁화
　　　　연산홍
　　　　나　리
　　　　고　목

3월 둘째주
사순절 두번째주일 (빌립보서 3장 20~21절)

박현숙

오직 우리의 시민권은 하늘에 있는지라 거기로서 구원하는 자 곧 주 예수 그리스도를 기다리노니 그가 만물을 자기에게 복종케 하실 수 있는 자의 역사로 우리의 낮은 몸을 자기 영광의 몸의 형체와 같이 변케 하시리라.

■ 소재 : 꽃사과
　　　　 금어초
　　　　 아네모네
　　　　 몬스테라

3월 셋째주
사순절 세번째주일 (이사야 55장 2~3절)

김영숙

너희가 어찌하여 양식아닌 것을 위하여 은을 달아주며 배부르게
못할 것을 위하여 수고하느냐 나를 청종하라 그리하면 너희가
좋은 것을 먹을 것이며 너희 마음이 기름진 것으로 즐거움을
얻으리라.

■ 소재 : 화살나무
　　　　나　리
　　　　안즈리움
　　　　편　백

3월 넷째주
사순절 네번째주일 (고린도후서 5장 17절)

신미향

그런즉 누구든지 그리스도 안에 있으면 새로운 피조물이라 이전것은 지나갔으니 보라 새것이 되었도다.

■ 소재 : 글라디올러스
스토크
편 백
등라인
오브제

4월 첫째주
사순절 다섯번째주일 (이사야 43장 19절)

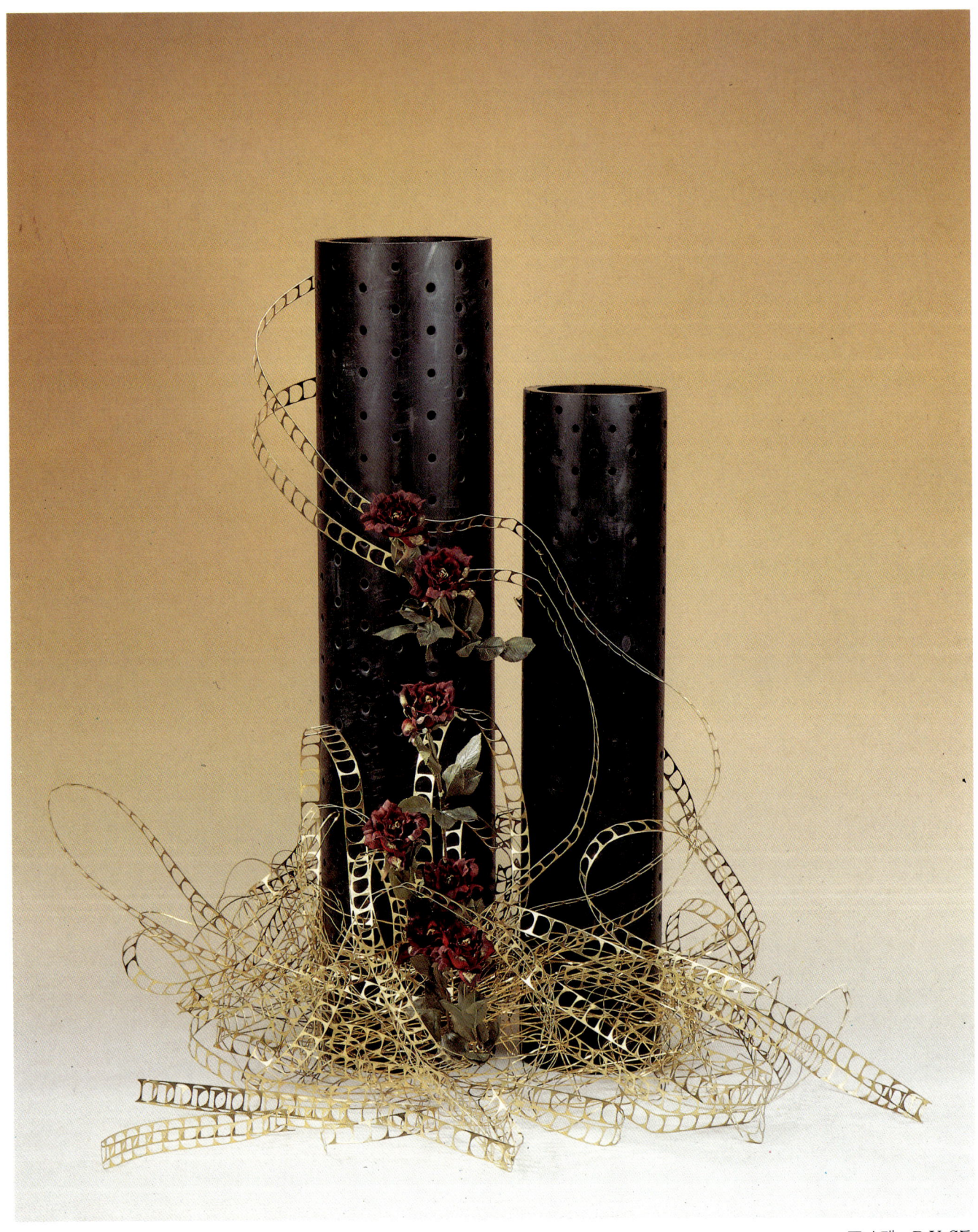

허문정

보라 내가 새 일을 행하리니 이제 나타낼 것이라 너희가 그것을 알지 못하겠느냐.

■ 소재 : P.V.C통
　　　　 철　망
　　　　 조화 장미

성 만 찬 (누가복음 22장 19~20절)

이금희

또 떡을 가져 사례하시고 떼어 저희에게 주시며 가라사대 이것은 너희를 위하여 주는 내 몸이라 너희가 이를 행하여 나를 기념하라 하시고 이 잔은 내 피로 세우는 새 언약이니 곧 너희를 위하여 붓는 것이라.

■ 소재 : 금어초
장 미
소 철
유리 오브제

4월 둘째주
종려주일, 수난주일 (이사야 53장 5절)

정정수

그가 찔림은 우리의 허물을 인함이요.
그가 상함은 우리의 죄악을 인함이라
그가 징계를 받음으로 우리가 평화를 누리고
그가 채찍을 맞음으로 우리가 나음을 입었도다

■ 소재 : 십자가
　　　　탱자가시
　　　　스토크
　　　　거베라
　　　　종　려
　　　　리시안샤스

4월 셋째주
부 활 절 (고린도전서 15장 20절)

조향자, 김종옥, 김정수, 이금숙, 김영배, 박향순, 박민희

이제 그리스도께서 죽은자 가운데서 다시살아 잠자는 자들의
첫열매가 되었도다

■ 소재 : 백 합
아스파라거스
망 사
안 개
미리오

4월 셋째주
부 활 절 (요한복음 11장 25~26절)

남정란

예수께서 가라사대 나는 부활이요 생명이니 나를 믿는 자는
죽어도 살겠고 살아서 믿는 자는 영원히 죽지 아니하리라.

■ 소재 : 심비디움
글라디올러스
백 합
미리오
안 개
오브제

4월 넷째주
부활절 두번째 주일 (사도행전 2장 24절)

정순복

하나님께서 사망의 고통을 풀어 살리셨으니 이는 그가 사망에게 매여 있을 수 없었음이라.

■ 소재 : 거베라
안 개
쎌로움
수수깡
편 백

4월 다섯째주
부활절 세번째 주일 (요한복음 20장 29절)

정기좌

■ 소재 : 스토크
　　　　안 개
　　　　볼
　　　　잎새란

예수께서 가라사대 너는 나를 본고로 믿느냐 보지 못하고 믿는 자들은 복되도다 하시니라.

5월 첫째주
부활절 네번째 주일, 어린이주일 (마태복음 18장 3절)

이영옥

진실로 너희에게 이르노니 너희가 돌이켜 어린아이들과 같이 되지 아니하면 결단코 천국에 들어가지 못하리라.

■ 소재 : 카네이션
미리오
노무라
수수깡
볼
자전거

어린이 주일 (베드로전서 2장 2절)

신화경

갓난아이들 같이 순전하고 신령한 젖을 사모하라 이는 이로 말미암아 너희로 구원에 이르도록 자라게 하려 함이라.

■ 소재 : 야자나무
엔젤 카네이션
고무풍선
미리오

5월 둘째주
부활절 다섯번째 주일, 어버이주일 (잠언 4장 8~9절)

■ 소재 : 카네이션
글라디올러스
편 백
미리오

이규례

그를 높이라 그리하면 그가 너를 높이들리라 만일 그를 품으면
그가 너를 영화롭게 하리라
그가 아름다운 관을 네머리에 두겠고 영화로운 면류관을 네게
주리라 하였느니라.

5월 셋째주
부활절 여섯번째 주일, 승천일 (마가복음 16장 19~20절)

김선님

주예수께서 말씀을 마치신 후에 하늘로 올리우사 하나님 우편에 앉으시니라.
제자들이 나가 두루 전파할새 주께서 함께 역사하사 그 따르는 표적으로 말씀을 확실히 증거하시니라.

■ 소재 : 금어초
백 합
카사브랑카
스프링게리
안 개
등라인

5월 넷째주
부활절 일곱번째 주일 (요한복음 17장 21절)

문선정

아버지께서 내안에 내가 아버지 안에 있는 것 같이 저희도
다하나가 되어 우리 안에 있게하사 세상으로 아버지께서 나를
보내신 것을 믿게 하옵소서

■ 소재 : 글라디올러스
　　　　 소　국
　　　　 안　개
　　　　 편　백
　　　　 아스파라거스
　　　　 장　미

6월 첫째주
성령강림 주일 (사도행전 2장 1~3절)

■ 소재 : 댑싸리(착색)
　　　　 장　미
　　　　 황금편백
　　　　 글라디올러스

김등자

오순절날이 이미 이르매 저희가 다같이 한곳에 모였더니 홀연히
하늘로부터 급하고 강한 바람같은 소리가 있어 저의 앉은 온집에
가득하며 불의혀같이 갈라지는 것이 저희에게 보여 각사람위에
임하였더니

6월 둘째주
삼위일체 주일 (로마서 5장 1절)

김명순

그러므로 우리가 믿음으로 의롭다 하심을 얻었은즉 우리 주 예수그리스도로 말미암아 하나님으로 더불어 화평을 누리자.

■ 소재 : 온시지음
　　　　금어초
　　　　미리오
　　　　라　인

6월 셋째주
오순절후 두번째 주일 (열왕기상 8장 43절)

■ 소재 : 극락조
　　　　잎새란
　　　　카아네이션
　　　　미리오
　　　　옥수수 수염

박흥구

주는 계신 곳 하늘에서 들으시고 무릇 이방인이 주께
부르짖는대로 이루사 땅의 만민으로 주의 이름을 알고 주의 백성
이스라엘처럼 경외하게 하옵시며 또 내가 건축한 이 전을 주의
이름으로 일컫는 줄을 알게 하옵소서

6월 넷째주
오순절후 세번째 주일, 6.25 (시편 146장 7절)

홍경자

압박 당하는 자를 위하여 공의로 판단하시며 주린자에게 식물을
주시는 자시로다 여호와께서 갇힌자를 해방하시며

■ 소재 : 글라디올러스
　　　　거베라
　　　　스킨답서스

7월 첫째주
오순절후 네번째 주일 (갈라디아서 2장 20절)

김선주

내가 그리스도와 함께 십자가에 못 박혔나니 그런즉 이제는 내가
산 것이 아니요 오직 내 안에 그리스도께서 사신 것이라
이제 내가 육체 가운데 사는 것은 나를 사랑하사 나를 위하여
자기 몸을 버리신 하나님의 아들을 믿는 믿음 안에서 사는
것이라.

■ 소재 : 르네브
　　　　장　미
　　　　마리안느
　　　　노무라
　　　　안　개
　　　　스프링게리

7월 둘째주
오순절후 다섯번째 주일 (갈라디아서 3장 24절)

한진숙

율법이 우리를 그리스도에게로 인도하는 몽학선생이 되어 우리로
하여금 믿음으로 말미암아 의롭다 함을 얻게 하려 함이니라.

■ 소재 : 글라디올러스
버 들
스타게이지
카아네이션
황금사철
황금편백

7월 셋째주
오순절후 여섯번째 주일 (열왕기하 2장 4절)

이영희

여호와의 사심과 당신의 혼의 삶을 가리켜 맹세하노니 내가 당신을 떠나지 아니하겠나이다.

■ 소재 : 스타게이지
엔젤카아네이션
미리오
마디초

7월 넷째주
오순절후 일곱번째 주일 (갈라디아서 6장 8절)

임난옥

자기의 육체를 위하여 심는 자는 육체로부터 썩어지는 것을
거두고 성령을 위하여 심는 자는 성령으로부터 영생을 거두리라.

■ 소재 : 글라디올러스
스토크
카아네이션
쎌로움

7월 다섯째주
오순절후 여덟번째 주일 (누가복음 10장 27절)

백미현

네 마음을 다하며 목숨을 다하며 힘을 다하며 뜻을 다하여 주 너의 하나님을 사랑하고 또한 네이웃을 네 몸과 같이 사랑하라 하였나이다.

■ 소재 : 담장넝쿨
　　　　나 리
　　　　거베라

8월 첫째주
오순절후 아홉번째 주일 (골로새서 1장 17~18절)

박광애

■ 소재 : 아디안텀
불로초
유리컵
십자가

또한 그가 만물보다 먼저 계시고 만물이 그 안에 함께 섰느니라.
그는 몸인 교회의 머리라 그가 근본이요 죽은자들 가운데서 먼저
나신자니 이는 친히 만물의 으뜸이 되려 하심이요.

8월 둘째주
오순절후 열번째 주일, 광복절 (레위기 25장 10절)

이행희

자유를 공포하라 이해는 너희에게 희년이니 너희는 각각 그 기업으로 돌아가며 각각 그 가족에게로 돌아갈지며

■ 소재 : 화살나무
해바라기
스토크
미리오
스팟트 필름

8월 셋째주
오순절후 열한번째 주일 (시편 107장 8~9절)

나순옥, 구순희, 전미숙, 이순업

이복순, 이해란, 한형숙, 신선애

황화순, 조봉희, 김은영, 박흥구

■ 소재 : 밀집모자
　　　　카아네이션
　　　　소　국
　　　　보　리
　　　　새끼줄

여호와의 인자하심과 인생에게 행하신 기이한 일을 인하여 그를 찬송할지로다
저가 사모하는 영혼을 만족케하시며 주린 영혼에게 좋은 것으로 채워주심이로다

8월 넷째주
오순절후 열두번째 주일 (히브리서 11장 1절)

송옥림

믿음은 바라는 것들의 실상이요 보지 못하는 것들의 증거니

■ 소재 : 글러디올러스
　　　　거베라
　　　　소 국
　　　　화초도마도
　　　　고 추
　　　　까치밥

9월 첫째주
오순절후 열세번째 주일 (이사야 5장 1절)

안옥희

내가 나의 사랑하는 자를 위하여 노래하되 나의 사랑하는 자의
포도원을 노래하리라 나의 사랑하는 자에게 포도원이 있음이여
심히 기름진 산에로다

■ 소재 : 부 들
　　　　 코스모스(조화)
　　　　 엽 란

9월 둘째주
오순절후 열네번째 주일 (시편 71장 5절)

윤형숙

■ 소재 : 으름넝쿨
　　　　나 리
　　　　뉴코스

주 여호와여 주는 나의 소망이시요 나의 어릴때 부터 의지시라.

9월 셋째주
오순절후 열다섯번째 주일 (시편 81장 1~2절)

박예숙

■ 소재 : 연상홍
　　　　국　화
　　　　뉴코스

우리 능력되신 하나님께 높이 노래하며 야곱의 하나님께 즐거이 소리할지어다.
시를 읊으며 소고를 치고 아름다운 수금에 비파를 아우를 지어다.

9월 넷째주
오순절후 열여섯번째 주일 (누가복음 14장 27절)

김임옥

누구든지 자기 십자가를 지고 나를 좇지 않는 자도 능히 나의 제자가 되지 못하리라.

■ 소재 : 팜파스
해바라기
소 국
엽 란

10월 첫째주
오순절후 열일곱번째 주일 (시편 18장 1절)

최상옥

나의 힘이 되신 여호와여 내가 주를 사랑하나이다.

■ 소재 : 까치밥
　　　　남천열매
　　　　홍　화
　　　　뉴코스

10월 둘째주
오순절후 열여덟번째 주일 (시편 73장 1절)

■ 소재 : 팜파스
클라디올러스
거베라
망개
엽란

황임연

하나님이 참으로 이스라엘중 마음이 정결한 자에게 선을
행하시나

10월 셋째주
오순절후 열아홉번째 주일 (디모데전서 2장 5절)

이기희

하나님은 한 분이시요 또 하나님과 사람 사이에 중보도 한 분이시니 곧 사람이신 그리스도 예수라.

■ 소재 : 주목나무
국 화
모과나무
소 국
으 름

10월 넷째주
오순절후 스므번째 주일 (디모데전서 6장 12절)

신후자

믿음의 선한 싸움을 싸우라 영생을 취하라
이를 위하여 네가 부르심을 입었고 많은 증인 앞에서 선한 증거를
증거하였도다.

■ 소재 : 실 란
  어저귀
  소 국
  드라세나

10월 다섯째주
오순절후 스물한번째 주일 (마태복음 10장 40절)

윤은미

너희를 영접하는 자는 나를 영접하는 것이요 나를 영접하는 자는
나를 보내신 이를 영접하는 것이니라.

■ 소재 : 낙산홍
  연산홍
  국 화
  공작편백

11월 첫째주
오순절후 스물두번째 주일 (디모데후서 4장 15절)

유명순

너도 저를 주의하라 저가 우리 말을 심히 대적하였느니라.

■소재 : 수 수
국 화
소 국
까치밥
광나무

11월 둘째주
오순절후 스물세번째 주일 (디모데후서 3장 15절)

이지원

성경은 능히 너로 하여금 그리스도 예수안에 있는 믿음으로
말미암아 구원에 이르는 지혜가 있게 하느니라.

■ 소재 : 감나무
　　　　소나무
　　　　연산홍
　　　　비락칸샤스
　　　　국　화
　　　　소　국

11월 셋째주
오순절후 스물네번째 주일 (마태복음 9장 37~38절)

문계진, 신경자, 허갑순, 김선영

제자들에게 이르시되 추수할 것은 많되 일군은 적으니 그러므로
추수하는 주인에게 청하여 추수할 일군들을 보내어 주소서 하라
하시니라.

■ 소재 : 감나무
소나무
진달래
국화
소국
고목
이끼

추수감사절 (시편 107장 9절)

최영자, 유미숙, 신동희, 김정애, 정순례

저가 사모하는 영혼을 만족케 하시며 주린 영혼에게 좋은 것으로 채워주심이로다.

■ 소재 : 비락칸샤스
다알리아
진달래
잎모란
편 백
벼, 조, 밤, 감

이승임, 나정자

(에베소서 5장 31절)
이러므로 사람이 부모를 떠나 그아내와 합하여 그들이 한 육체가 될찌니.

■ 소재 : 미리오
장미 안개
글라디올러스

김성은

■ 소재 : 심비디움
　　　　 덴드로비움
　　　　 스프링게리

(고린도전서 13장 4절)
사랑은 오래참고 사랑은 온유하며 투기하는 자가되지 아니하며
사랑은 자랑하지 아니하며 교만하지 아니하며

이혜숙

(요한3서 2절)
사랑하는 자여 네 영혼이 잘됨같이 네가 범사에 잘되고
강건하기를 내가 간구하노라.

■ 소재 : 까치밥
　　　　연산홍
　　　　미리오
　　　　소　국

회원 일동

(히브리서 10장 24~25절)
서로돌아보아 사랑과 선행을 격려하며 모이기를 폐하는 어떤
사람들의 습관과 같이 하지 말고 오직 권하여 그날이 가까움을
볼수록 더욱 그리하자.

■ 소재 : 산수유
　　　　연상홍
　　　　국 화
　　　　광나무

사범 일동

(요한복음 15장 16~17절)
너희가 나를 택한 것이 아니요 내가 너희를 택하여 세웠나니 이는
너희로 가서 과실을 맺게하고 또 너희 과실이 항상 있게 하여 내
이름으로 아버지께 무엇을 구하든지 다 받게 하려 함이니라.
내가 이것을 너희에게 명함은 너희로 서로 사랑하게 하려
함이로다.

■ 소재 : 남 천
　　　　　나 리
　　　　　찔 레
　　　　　포도넝쿨

이사 일동

(에베소서 4장 5~6절)
주도 하나이요 믿음도 하나이요 세례도 하나이요 하나님도 하나이시니 곧 만유의 아버지시라 만유위에 계시고 만유를 통일하시고 만유 가운데 계시도다.

■ 소재 : 소나무
주목나무
오리나무
국화, 소국
연산홍

민현란

(빌립보서 4장 9절)
너희는 내게 배우고 받고 듣고 본바를 행하라 그리하면 평강의
하나님이 너희와 함께 계시리라.

■ 소재 : 글라디올러스
장　미
드라세나
셀렘잎, 대곡도
장미 (조화)
망　사

아트플라워

허문정

■ 소재 : 거베라
　　　　백공작
　　　　스위트피

김춘자

■ 소재 : 거베라
덴드로비움

진현경

■ 소재 : 장미, 콩꽃

윤숙희

■ 소재 : 별 잎
금어초
장 미

윤숙희

■ 소재 : 스치로볼
　　　　라인

임성목

■ 소재 : 목 련
　　　도그드
　　　육가리

진주현

■ 소재 : 후 박
　　　　콩 꽃
　　　　벨리야고
　　　　별호박

크리스틴

■소재 : 장 미
　　　 국 화

신후자

■소재 : 나 리
　　　 아네모네

문성은

■ 소재 : 눈나무
포인세티아
스치로볼

양혜선

■ 소재 : 포인세티아
　　　　 포인세티아
　　　　 호랑가시
　　　　 포도잎
　　　　 망사

■ 출품자명단

성 명	작 품 명	성 명	작 품 명
창세기에서 요한계시록까지		김선님	죽은 나사로를 살리심
이사일동	천지창조	김경옥	진리가 자유롭게 하리라
서정인	아담과 하와가 지음받다	이영옥	나는 참포도 나무라
임성목	최초의 범죄	이금희	너희의 슬픔이 기쁨으로
김선배	가인과 아벨	신화경	최후의 만찬
임효빈	노아와 홍수	이귀옥	고 난
진주현	무지개 언약	신미혜	골고다의 언덕
문춘자	바벨탑	허문정	십자가에 달려 운명하시다
김춘자	믿음의 조상 아브라함	박혜경	부활하시다
김영선	사라의 웃음	정영옥	예수의 승천
이승임	갈대숲의 모세	박신희	죄의 유혹
조정애	출애굽	한정순	성령강림
김선주	홍해가 갈라지다	홍재인	오병이어의 기적
김임옥	반석위에 물이 솟아나다	이행희	바울의 전도여행
남정란	불기둥	최인옥	구원은 만민에게
이숙영	십계명을 받다	이영희	사단이 패망
김경화	만나와 메추라기	신화자	하나님안에 거하는 백성
민정기	아론의 지팡이에 싹이나다	사범일동	하나님을 떠난 백성
문교순	맥추절과 초막절	전회원일동	새하늘과 새땅
배병희	알곡과 가라지	진현경	대강절
윤은미	여리고성의 함락	윤숙희	성 탄
정정수	삼손과 드릴라	지금자	성 탄
김원효	드보라	구옥려	성 탄
정기좌	룻의 사랑	인해정	성 탄
박흥구	욥의 고난	크리스틴	성 탄
이지원	솔로몬의 성전건축	나정자	만 찬
허문정	여호와는 목자시니	김순희	결 혼
백선향	시온에 전할 기쁜소식	김명하	졸 업
이상윤	이새의 뿌리에서 날싹	박서운	탄 생
백미현	요나가 회계하고 살아나다	강순덕	국가기념
신정숙	새날을 언약하시다	송옥림	임 직
편정희	마리아의 축복	52주 절기 꽃꽂이	
엄현숙	예수그리스도의 축복탄생	편정희	대림절 첫번째 주일
홍경자	동방박사들이 경배하러오다	한정순	대림절 두번째 주일
박명자	헤롯이 아기들을 학살하다	박정숙	대림절 세번째 주일
유명순	예수가 광야에서 시험을 받으시다	박성임	대림절 네번째 주일
최상옥	빛은 어둠을 뚫고	양혜선	성탄절
박덕순	나에게 와서 쉬어라	문교순	성탄절후 첫번째 주일
이광자	하나님을 영접하는 자가 받을 상	장동려, 신우순 최진녀, 장길례 정해을, 박기미자	성탄절후 두번째 주일, 신년주일
황교영	어린아이를 축복하시다		
한진숙	베데스타 못가의 구원		
정인숙	가나안의 혼인잔치	이해옥	주님의 수세일
임영주	구원받은 사마리아의 여인	문춘자	주현절후 두번째 주일

성 명	작 품 명	성 명	작 품 명
임효빈	주현절후 세번째 주일	안옥희	오순절후 열세번째 주일
안금옥	주현절후 네번째 주일	윤형숙	오순절후 열네번째 주일
진현경	주현절후 다섯번째 주일	박예숙	오순절후 열다섯번째 주일
이숙영	주현절후 여섯번째 주일	김임옥	오순절후 열여섯번째 주일
정인숙	주현절후 일곱번째 주일	최상옥	오순절후 열입곱번째 주일
진주현	주님의 산상변모일	황임연	오순절후 열여덟번째 주일
임주희	사순절 첫번째 주일, 3.1절	이기희	오순절후 열아홉번째 주일
박현숙	사순절 두번째 주일	신후자	오순절후 스므번째 주일
김영숙	사순절 세번째 주일	윤은미	오순절후 스물한번째 주일
신미향	사순절 네번째 주일	유명순	오순절후 스물두번째 주일
허문정	사순절 다섯번째 주일	이지원	오순절후 스물세번째 주일
이금희	성만찬	문계진, 신경자 허갑순, 김선영	오순절후 스물네번째 주일
정정수	종려주일, 수난주일		
조향자, 김종옥 김정수, 이금숙 김영배, 박향순 박민희	부활절	최영자, 유미숙 신동희, 김정애 정순례	추수감사절
		이승임, 나정자	
남정란	부활절	김성은	
정순복	부활절 두번째 주일	이혜숙	
정기좌	부활절 세번째 주일	회원일동	
이영옥	부활절 네번째 주일, 어린이주일	사범일동	
신화경	어린이주일	이사일동	
이규례	부활절 다섯번째주일, 어버이주일	민현란	
김선님	부활절 여섯번째 주일, 승천일		아트플라워
문선정	부활절 일곱번째 주일	허문정	
김등자	성령강림주일	김춘자	
김명순	삼위일체 주일	진현경	
박흥구	오순절후 두번째 주일	윤숙희	
홍경자	오순절후 세번째 주일, 6.25	윤숙희	
김선주	오순절후 네번째 주일	임성목	
한진숙	오순절후 다섯번째 주일	진주현	
이영희	오순절후 여섯번째 주일	크리스틴	
임난옥	오순절후 일곱번째 주일	신후자	
백미현	오순절후 여덟번째 주일	문성은	
박광애	오순절후 아홉번째 주일	양혜선	
이행희	오순절후 열번째주일, 광복절		
나순옥, 구순희 전미숙, 이순업 이복순, 이해란 한형숙, 신선애 황화순, 조봉희 김은영, 박흥구	오순절후 열한번째 주일		
송옥림	오순절후 열두번째 주일		

본부

회　　장 : 허문정 송백회 · 서울시 동대문구 용두동 112-43 (H)511-5700 (O) 924-5001
부회장 : 최상옥 용산지부 · 서울시 용산구 원효로4가 산호ⓐ2동 1212호 702-0300
고　　문 : 편정희 · 용산구 동부이촌동 수정ⓐ107호 793-1261

지부장

이　　사 : 이금희 숭인지부 · 서울시 종로구 숭인1동 72-7 3672-1049
이　　사 : 윤숙희 송파지부 · 서울시 송파구 삼전동 167-17 422-3077
이　　사 : 김춘자 안산지부 · 경기도 안양시 평촌동 923 꽃마을ⓐ73동 702호 0343)84-4638
이　　사 : 이승임 장안지부 · 서울시 동대문구 장안동 현대ⓐ12동 1004호 246-9639
이　　사 : 김임옥 인천지부 · 인천 광역시 서구 석남동 473-16 최신빌라 다동 201
　　　　　　　　　　　　　　(H) 032)579-1552 (O) 579-4199
이　　사 : 박흥구 광주지부 · 전북 순창군 쌍치면 운암리 166
　　　　　　　　　　　　　　(H)0674)52-7608 (O) 062)226-7603
이　　사 : 남정란 대전지부 · 대전시 중구 태평동 삼부ⓐ21동 151호 042)527-0211
이　　사 : 신화경 은마지부 · 서울시 강남구 대치2동 은마ⓐ22동 1407호 556-3200

연수지부장

이기희 · 서울시 마포구 연남동 229-43 (H)322-4645 (O) 334-0833
정정수 · 인천시 남동구 만수2동 1-249 032)463-1876
이지원 · 서울시 중랑구 면목7동 1510번지 면복 두산ⓐ201동 1303호 434-6660
박광애 · 서울시 서초구 방배2동 2525 우성ⓐ105동 907호 597-8346
박성임 · 서울시 중랑구 중화2동 324-121 434-1986

약 력

1982　송백회 창립
1983　한국 기독교 꽃꽂이 선교회 3대 회장 역임
1983　한일 친선 문화협회 주최 한일 꽃꽂이 교류 및 시찰
1984　서울시 주최 꽃꽂이 작가 초대전 출품
1984　한국 기독교 꽃꽂이 선교회 4대 회장 역임
1984　한국 기독교 꽃꽂이 선교회 제1회 전시회 개최(한국교회 100주년 기념회관)
1984　교회 절기 꽃꽂이 강의(현재)
1985　기독교 방송 교회절기 꽃꽂이 강의 방송(5년)
1986　한일 친선 문화 협회 서울시 조합회 꽃꽂이 분과위원
1986　제6회 한국 꽃예술 작가 협회전 출품
1986　제2회 한국 꽃꽂이 선교회전 출품
1987　한국 꽃예술 작가 협회 교육위원
1988　한국 기독교 꽃꽂이 선교회 이사
1988　제3회 한국 기독교 꽃꽂이 선교회전 출품
1990　한국 꽃예술 작가 협회 이사
1990　한국 문화예술 진흥원 문화부 주최 꽃꽂이 작가 초대전 출품
1990　제4회 한국 기독교 꽃꽂이 선교회전 출품
1991　한국 꽃예술 작가협회 편집위원
1991　제8회 한국 꽃예술 작가 협회전 출품
1992　제5회 한국 기독교 꽃꽂이 선교회전 출품
1992　교회 절기 꽃꽂이 작품집 발간
1992　제1회 송백 꽃꽂이 전시회 개최(창세기에서 요한계시록까지)
1993　제9회 한국 꽃예술 작가협회전(대전 EXPO) 출품
1994　한국 꽃예술작가협회 부이사장(현재)
1994　연동교회 100주년 기념 꽃꽂이 전시회 개최
1994　제2회 송백 꽃꽂이 전시회 개최(52주 성전꽃꽂이)
1995　제10회 한국 꽃예술작가협회전 출품
1995　교회 절기 꽃꽂이 제2권 발간

**창세기에서 요한계시록까지
특집/ 52주 절기꽃꽂이**

2017년 5월 1일 초판 2쇄 발행

지 은 이 | 송백 허문정
펴 낸 이 | 황성연
펴 낸 곳 | 글샘출판사
촬   영 | 토토아이 · 박영호
주   소 | 서울특별시 중랑구 상봉동 136-1 성신빌딩
등록번호 | 제 8-0856
총   판 | 하늘물류센타
전   화 | 031-947-7777
팩   스 | 0505-365-0691
I S B N | 978-89-91358-51-5
Copyright ⓒ 2017, 허문정

이 책의 내용의 일부 또는 전부를 사용하려면
반드시 저작권자와 글샘출판사의 서면 동의를 받아야 합니다.
정가는 뒷표지에 있습니다.
잘못 되거나 파손된 책은 구입한 서점에서 교환해 드립니다.